Rainar Nitzsche: Die Zeit der Bäume

# Der Autor

Dr. Rainar Nitzsche wurde am 27.12.55 in Berlin geboren, ging im Saarland zur Schule und lebt in Kaiserslautern, wo er Biologie studierte und über Brautgeschenke bei Spinnen promovierte. Er ist gelernter Buchhändler und gründete 1989 den Rainar Nitzsche Verlag. Seit 2015 veröffentlicht er seine Bücher als Autor bei BoD, bookrix und neobooks.

Bisher von ihm erschienen (Jahreszahl der Originalausgabe): LYRIK: *wir ... menschen der erde* (1982), *Die Zeit der Bäume* (1992), *OM oder das Rauschen der scheinbaren Leere* (1994), *Klang über den Meeren der Zeit* (1996), *Ewig sein in Stille* (2006). PROSA: Die Pfadwelten: *Der Leuchtende Pfad des Magiers* (1998), *Wandlungen der Drei* (2004), *Wüsten-Berges-Himmels-Weiten* (2005), *Ins All - Im Eins* (2005). Sammelbände fantastischer Kurzprosa: Die Mondintrilogie: *Ruf der Mondin* (1992), *Im Licht der Vollen Mondin* (1996), *Mondin-Schein und Sein* (2001), *Aton - Vater Sonn* (2001), *Still riefen uns die Sterne* (2001), *Spiegelwelten deiner Seele* (2001), *Von Engeln, Erleuchtung und Ewigkeit* (2006), *Spinnentraumgespinste* (2007), *Das Schlafende steht auf aus seinen Träumen* (2010). Unter dem Pseudonym Olaf Olsen: *Die Meere des Wahnsinns* (2005), *Höllen-Fahrten-Leben-Träume* (2005), *ES bricht hervor aus di*r (2006).

Seit seiner Jugend fotografiert Rainar Nitzsche vor allem Insekten und Spinnen, die sich in seinen Sachbüchern, u. a. *Spinnen-Spiegelungen in Menschen-Augen* (2004), *Spinnen kennen lernen* (2012), *Spinnen lieben lernen* (2013), *Spinnen-Sex und mehr (2015),* aber auch verfremdet in seinen Kunstbüchern wiederfinden: u. a. *Spinnenkunstwelten 2* (2010), *Spinnen fantastisch verfremdet* (2016). Weitere neuere Kunstbücher: *Aliens* (2016), *Höllenkunst* (2017).

Rainar Nitzsche

# Die Zeit

# der

# Bäume

Lyrik

Die Deutsche Nationalbibliothek verzeichnet diese Publikation in der Deutschen Nationalbibliografie; detaillierte bibliografische Daten sind im Internet über dnb.d-nb.de abrufbar.

Impressum
Rainar Nitzsche
Die Zeit der Bäume
2. überarbeitete Auflage in neuer Rechtschreibung
(1. Auflage: Die Zeit der Bäume. ki no sei.
Lyrik Rainar Nitzsche, Grafik Harald Fuchs
1992 im Rainar Nitzsche Verlag erschienen)
Computersatz: Dr. Rainar Nitzsche
Coverfoto, verfremdet: Dr. Rainar Nitzsche

© 2017 Herstellung und Verlag:
BoD – Books on Demand, Norderstedt
ISBN 9783744814652

# INHALT

# VORWORT

Liebe Leserin, lieber Leser,

zunächst ein Auszug aus dem Vorwort des Originals:

Das vorliegende Buch »Die Zeit der Bäume« enthält eine Auswahl von Gedichten aus dem umfangreichen Werk Dr. Rainar Nitzsches, die alle um das zentrale Thema: das Verhältnis des Menschen zu seiner Umwelt, zu seinen Mitmenschen und nicht zuletzt zu sich selbst kreisen.

Die Gedanken sind nicht auf die objektiv erfahrbaren Dinge beschränkt, sondern umfassen auch die mit unseren Sinnen nicht direkt zu messenden, dafür aber nicht weniger realen Teile der Welt, die wir nur manchmal, in den seltenen Fällen absoluter Ruhe in unserem hektischen Dasein erkennen können.

Die Gedichte vermitteln ein optimistisches Bild der Welt. Die dunklen Seiten des Lebens sind oft genug und ausführlich geschildert und beklagt worden - geholfen hat dies der Welt wenig, eher zu Resignation und Zukunftsangst geführt.

Die »Zeit der Bäume« liegt nicht irgendwo in grauer Vorzeit oder ferner Zukunft, es ist unsere ganz konkrete Gegenwart. Gerade die Bäume können als Symbol dafür dienen, wie sehr uns Technik und Rationalismus in die Sackgasse, auf den Holzweg, geführt haben. Die Bäume mahnen uns zur Besinnung und Abkehr von der Unvernunft unseres Wirtschaftens.

Wenn der Mensch lernt, seine zweifelsohne in ausreichendem Maße vorhandene Intelligenz unvoreingenommen und selbstlos zu gebrauchen und die Zukunft in sein Denken miteinzubeziehen, wird ihm die Schönheit der Welt nicht länger verborgen bleiben.

Ihr Dr. Harald Fuchs, Trier, November 1991

Diese Taschenbuch- und E-Book-Ausgabe von »Die Zeit der Bäume« enthält die Gedichte von Rainar Nitzsche, jedoch fehlen im Unterschied zur Erstausgabe von 1992 die Grafiken mit japanischen Kanjis von Harald Fuchs.

Ihr Dr. Rainar Nitzsche, Kaiserslautern, Juli 2017

# PROLOG

*Ein Leben lang*

Am Anfang

lerntest Du

Dein Geist und Deine Lippen

Worte zu formen


dann

hast Du Zeit

ein Leben lang


das Schweigen

zu lernen

# AUFSTAND

*Aufstand*

Und unsere Stimmen
schrie-en
vor Freude
ein Wort hinaus
in die Weite der Welt

und das Wort hieß
Frieden
und das Wort hieß
lachen
und das Wort hieß
lieben

und das Wort hieß
w i r

denn
der Mensch
stand auf

*Es schritt, es sang*

...
und aus der Stille
schritt
ein Licht
in die Weite hinaus
in die Welt


es sang
ein Lied
ein Licht


wo Dunkel war

*Singet, denn der Gesang*
*vertreibt die Wölfe* *

singet Gedanken

hinaus in die Weite

nicht Worte

Worte sind zuviel gefallen


singet Gedanken empor

von Liebe vom Frieden

nicht Worte


singet Gedanken hinein

in die Hirne der Menschen


denn Wölfe sind Waffen

und die sie benutzen


singet

lasst Falken

Tauben gebären


singet

denn der Gesang

vertreibt die Wölfe


* *Titel von Popol Vuh*

Morgen

ver- we - hen

die Inseln der Angst

noch wachsend


das Meer

steigt empor


die Wüste

flieht


wir Menschen

beginnen

uns zu erinnern

an Lachen

an Tanzen

an Liebe


Tränen

steigen auf

aus blutdurchtränkter Erde

Jahrtausende angehäuft

Tränen

glitzernd schillernd

in unendlicher Pracht

im Licht der aufgehenden Sonne


Du hörst

das Rauschen des Meeres

wie es wächst

in Deinen Ohren

die Wüste flieht


in den weiten Feldern der Angst

werden Inseln der Liebe geboren

...

sie wachsen

...

*Im Lichte des Morgen*

Gestern

zu Boden

berstend fiel

zerbrochen

im Lichte des Morgen

und Brüder und Schwestern

wo heute noch Hass

*In dieser Nacht*

In dieser Nacht
schwammen die Fische empor
zu sehen

lauschten die Grillen
so still

zogen die Bäume ein
ihr Laub

brachen auf
die Wolken

und Sterne riefen
funkelnd hell

in dieser Nacht
erhoben wir uns

wir
Menschen der Erde

# KONTAKT

*Als ich durchschritt*

Als ich durchschritt
die Nacht

erfasste mich
ein sanfter Wind

hob mich empor
und über die Zeit

*Komm herein*

Komm herein

sagst Du
schaust nicht weiter hin
und nimmst Platz
neben dir

Du
sprechen beide Ich
verwundert
...
und Zeit
verschmilzt
zum Morgen

*Lass uns tanzen* *

Lass uns tanzen
auf Wiesen
wo der Abendwind träumt
von Moos und Tau

wo Sonne lacht
am Morgen
mit süßem Duft
tief in mein Hirn

* *nach »Traumstadt und Ostergruß« von Sonja Nagel*

## *Ich sah sie* *

Ich sah

sie tanzen

am Morgen

über feuchte Felder


und wehen weiß

im Nebellicht

ihr Kleid

*\* nach »Ländlicher Traum« von R.Empacher*

*Ein Schwirren*

still

lag der Wald

und dunkel

der See


doch aus den Wassern

stiegen auf

ein Schwirren

ein Glitzern und Funkeln

im Sternenlicht

die Elfen so zart


und tanzten

leise

empor

## Weißer Adler

Deine klaren Augen
schauen
auf das weite Land
hinab

die Flügel
schlagen
ohne Laut

da siehst Du sie
stehen und winken
so winzig und klein
tief unter Dir

leise
gleitet Ich
durch Zeit

und fällt hinab
versinkt
in Menschengeist

der hebt empor
in Sehnsucht
seinen Blick

in weiten Raum

wo weiße Adler

kreisen

*Drachen* *

Träume
von Weisheit


Tage
längst vergangener Größe


sanfte Augen
spitze Dolche


gleitend
in den Winden
alter Zeiten


Atem
von Feuer
Gedanken aus Licht


Träume
von Weisheit




* für Ursula K.LeGuin

*Hirnwellen*

Ich sah hinauf
sah durch Barrieren aus Licht
flimmernd hindurch

sah hinauf
da sah ich
s i e

und sandte aus
meinen Geist
und wurde eins

sie aber
nannten sich
M e n s c h e n

und schauten hinab
in das klare Wasser

und riefen mir zu
Bruder Delfin

*In Stille*

Prolog *

jeder Mensch

ist Musik

ewige Musik

Tag und Nacht erklingend


langsam

hob ich

meinen Blick


denn ein Schatten

verdeckte

die Sonne

so dicht vor mir

ein Mensch

…

da sprang

in meine Augen

ein Blitz von Stahl

ein singender Ton

…

doch es zerschellte

an der Musik in mir

sein Schwert

und ein Lächeln

auf meiner Stirn

folgte dem

der da floh

und rannte

vor Entsetzen

*Prolog von Sufi Inayat Khan*

*Leise in Grün und Licht*

In der Schwärze
der Nacht

als Sterne sangen
ihr Lied

und Stille
S t i l l e

hörte ich
die Stimme
den Ruf
in mir
tausendfach
so hell und klar

da drehte ich mich um
langsam und lautlos
leise meine Schritte voran

vor mir
im Mondenlicht
in den zarten Düften deines Laubes
D u
Baum der Erde

und in mir

der Ruf

und in Dir

das Funkeln der Sterne

hinter dir

die Schwärze des Alls


ja

damals

da folgte ich

seinem Ruf

und das sanfte Laub

umhüllte mich

so zart


und mein Ich verschmolz

im Säuseln des Laubes

mit der Schwärze der Nacht

...

und Sterne

in mir

# KOSMOS

*Kosmos*

tritt ein

und staune

...

neige dein Haupt

in den Sternenwind

...

und betrachte still

die Spiegel in Dir

*Stille  \**

Stille
träumt
aus schwarzem Grund


strahlend weiß
das Sternenmeer

### *Sternenlied*

es sang
das Gras am Abend


es sangen
die Winde der Nacht


es sang
der Mond in Schwärze


die Sterne
sangen ein Lied


in mir

*Aufbruch*

Erde
ferne Schatten
schreien

Geist
weint Sterne
in die Nacht

...

tanzt
in fernen Sonnen

# AUS TIEFEN RÄUMEN

*Aus tiefen Räumen*

aus tiefen Räumen
steigen auf
rote Nebel

weißes Licht
auf meiner Stirn

und hinter mir
schlagen
gläserne Schwingen

heben mich hinfort

weit
weit hinaus
in die Nacht

den Sternen entgegen

*Ode im Raum*

Erde
mein Gestern


Erde
du ferner Schatten
im Hell


denn
Sonnen
sind wir
Licht der Leere

# EPILOG

*Meeresstrand* *

Deine Hand
malte
ein Herz
in den Sand

und es zerfloss
wie Deine Hand

nachts
im Sternenlicht

als Ewigkeit
herniederfiel

*\* nach »Gegenwart in Phantasie« von Sonja Nagel*

*Die Wege*

seltsam

sind die Wege

die das Leben schreibt


gewunden

wie die Adern in Dir

und voller Wunder


Tag für Tag

und Jahr für Jahr

*Für Euch nach mir*

nehmt auf
die Fackel
aus meinem Geist

der Hoffnung
die sie trug

fahrt fort
im Strom

der einst begann

als Eines war
und wurde All

## Lyrik

*Ewig sein in Stille.* Meditative Lyrik. 2. überarbeitete Auflage, 124 Seiten, ISBN 9783741261312 und E-Book. Rainar Nitzsche / Berthold Mallmann. 1. Auflage nummeriert, handsigniert, limitiert auf 50 Exemplare, 120 Seiten mit 21 Grafiken, ISBN 9783930304264.

*Klang über den Meeren der Zeit.* Nummeriert, handsigniert, limitiert auf 300 Exemplare, 72 Seiten mit 31 Grafiken, 26 Gedichten, ISBN 9783930304073.

*OM oder Das Rauschen der scheinbaren Leere.* Meditative Lyrik. 2. überarbeitete Auflage, 204 Seiten, ISBN 9783744869003 und E-Book. 1. Auflage nummeriert, handsigniert, limitiert auf 300 Exemplare, 80 Seiten, ISBN 9783930304028.

*wir ... menschen der erde*. Reprint der ersten Auflage, 128 Seiten, ISBN 9783744818629 und E-Book.

wir ...
menschen
der erde

lyrik von rainar nitzsche

*Die Zeit der Bäume.* Nummeriert, handsigniert, limitiert auf 300 Exemplare, 60 Seiten mit 23 Grafiken und 26 Gedichten, ISBN 9783980210249 sowie vorliegende Taschenbuchausgabe und E-Book.

### Die Pfadwelten

Die fantastische Reise von Manfred, einem Magier mit der Fähigkeit sich in andere Lebewesen zu verwandeln. Sein Weg durch die Bioregionen der Erde auf der Suche nach seiner großen Liebe im Kampf mit einem schwarzen Wesen aus der Welt T-Her:

*Der Leuchtende Pfad des Magiers.* PFAD 1, 186 Seiten, handsigniert, nummeriert, limitiert auf 200 Exemplare, ISBN 9783930304035 sowie Neuauflage als Taschenbuch ISBN 9783743113763 und E-Book.

*Wandlungen der Drei.* PFAD 2. 194 Seiten, handsigniert, nummeriert: 50 Exemplare, ISBN 9783930304134 sowie Neuauflage als Taschenbuch ISBN 9783743196001 und E-Book.

*Wüsten-Berges-Himmels-Weiten.* PFAD 3, 180 Seiten, handsigniert, nummeriert, limitiert auf 50 Ex., ISBN 9783930304172 sowie Neuauflage als Taschenbuch ISBN 9783743159600 und E-Book.

Seelenreisen von Menschen- und Arachnoiden, ES, Katzen und einem Schneckenwesen durch Raum und Zeit bis zur Vereinigung der Sieben und zur Erleuchtung:

*Ins All - Im Eins.* PFAD 4. 208 Seiten, handsigniert, nummeriert, limitiert auf 50 Ex., ISBN 9783930304141 sowie Neuauflage als Taschenbuch ISBN 9783743172883 und E-Book.

*Der Schneckenkönig von Alexa E. Bach.* Auf der Suche nach seinen Untertanen begegnet eine intelligente Schnecke den wunderlichsten Lebewesen in einer menschenleeren Welt, die von Ameisenvölkern beherrscht wird. 76 Seiten, ISBN 9783842355873 und E-Book.

### Fantastische Kurzprosa

*Ruf der Mondin.* Lieder der Nacht. 62 Seiten, ISBN 9783980210256 sowie als E-Book erhältlich.

*Im Licht der Vollen Mondin.* 132 Seiten, ISBN 9783930304042 sowie als E-Book erhältlich.

*Mondin-Schein und Sein.* 176 Seiten, ISBN 9783930304127 sowie als E-Book erhältlich.

*ATON Vater Sonn.* Taggeschichten. 184 Seiten, 50 handsignierte, nummerierte sowie weitere Exemplare, ISBN

9783930304097 sowie als E-Book erhältlich.

*Spiegelwelten deiner Seele.* Spiegelgeschichten. 125 Seiten, 2. überarbeitete Auflage ISBN 9783741252006 sowie als E-Book erhältlich. 1. Auflage: 50 handsignierte, nummerierte Exemplare, ISBN 9783930304271.

*Still riefen uns die Sterne.* Kosmische Geschichten, 164 Seiten, 50 handsignierte, nummerierte und weitere Exemplare, ISBN 9783930304295 sowie als E-Book erhältlich.

*Von Engeln, Erleuchtung und Ewigkeit.* Meditative Kurzprosa. 3. überarbeitete Auflage, 149 Seiten, ISBN 9783741266621 und E-Book. Rainar Nitzsche / Harald Fuchs, 2. Auflage, 144 Seiten, ISBN 9783930304783.

*Das Schlafende steht auf aus Seinen Träumen.* Fantastische Kurzprosa. Vampire, Fabelwesen, Parallelwelten, 122 Texte, 30 Abbildungen, 204 Seiten, ISBN 9783930304776.

*Spinnentraumgespinste.* Spinnenträume und Spinnenbegegnungen. Mit über 80 verfremdeten Fotos sowie Grafik vom Verfasser. 2. überarbeitete Auflage. 164 Seiten, ISBN 9783930304707.

*Märchens Geschichte.* Neue Phantastik- und Horrorgeschichten. 63 Storys, 27 Autoren, 220 Seiten, ISBN 9783930304011.

Dreimal Horror von Olaf Olsen kurz und schmerzhaft mit Illustrationen von Rainar Nitzsche:

*Die Meere des Wahnsinns.* Wenn sich die Grenzen verschieben. Nummeriert, handsigniert, limitiert auf 50 Exemplare, 78 Seiten, ISBN 9783930304301 sowie als E-Book erhältlich.

*Höllen-Fahrten-Leben-Träume.* Nummeriert, handsigniert, limitiert auf 50 Ex., 156 Seiten, ISBN 9783930304318 sowie als E-Book erhältlich.

*ES bricht hervor aus dir.* Nummeriert, handsigniert, limitiert auf 50 Exemplare, 106 Seiten, ISBN 9783930304493 sowie als E-Book erhältlich.